"最美奋斗者"品德教育系列

"嫦娥"奔月
航天科技"嫦娥"团队

伍美珍工作室 / 编著　　冉少丹 / 绘

海豚出版社
DOLPHIN BOOKS
CICG　中国国际传播集团

"最美奋斗者"品德教育系列

幸福源自奋斗

一个人的一生应当怎样度过？

也许这个问题对小朋友们来说还有点遥远，但是有很多人终其一生都在追寻这个问题的答案。小朋友们不妨现在就想想，这一辈子你要如何度过呢？

相信《"最美奋斗者"品德教育系列》能给小朋友们带来启发。

2019年，为隆重庆祝新中国成立七十周年，学习英雄事迹、弘扬奋斗精神、培育时代新人，中共中央宣传部等评选表彰了新中国成立以来涌现的英雄模范，授予他们"最美奋斗者"称号，并开展"最美奋斗者"学习宣传活动。

"最美奋斗者"这份沉甸甸的名单，涵盖各个历史时期在各地区、各行业、各领域中脱颖而出的先进模范，既有黄继光、邱少云、王进喜、雷锋、焦裕禄、孔繁森这些耳熟能详的名字，也有钟南山、袁隆平、黄大年、南仁东、李保国等新时代的楷模。

他们是不懈的奋斗者、开拓者，是幸福生活的创造者、守护者。他们用智慧和汗水，甚至用鲜血和生命，为国家富强、民族振兴、人民幸福书写了可歌可泣的壮丽篇章，在平凡的岗位上作出了不平凡的业绩。他们是国家的脊梁、民族的英雄、时代的楷模，值得我们永远铭记。

幸福都是奋斗出来的，只有奋斗的人生才称得上是幸福的人生。希望通过这套图书，小朋友们能感受到英雄们那种昂扬向上的奋斗精神，树立正确的世界观、人生观、价值观，在"最美奋斗者"的陪伴下扣好人生的第一粒扣子！

《"最美奋斗者"品德教育系列》编委会

2021年3月

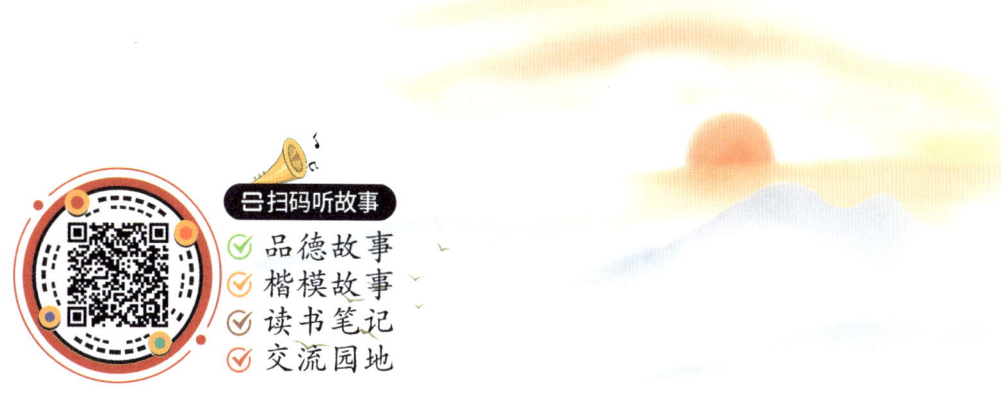

传说在六百多年前,有一个叫万户的人。他总好奇,风筝能上天,人可不可以。于是在一个明月高挂的夜晚,他来到山顶,思索着如何离天迹再近一点。

万户自制了47枚火箭绑在椅子上,他坐上椅子叫人点火发射。

"嗖——"

万户当然没能飞上天。或许,天空真的太远了吧。

　　转眼到了21世纪，汽车、飞机等以古人想象不到的速度来回忙碌着。不变的是，人类依然做着"奔月梦"。

　　2004年，中国正式实施月球探测工程——"嫦娥工程"。

实施这项工程的可不是仙女嫦娥,而是一群科研人员——航天科技"嫦娥"团队。他们要一步一步"走近"月亮。

他们准备的第一枚发往月球的卫星叫作嫦娥一号，它的"诞生"可真难。

首先需要元器件。元器件类似零件，它们组成卫星的每个部件，是非常复杂的。要找发达国家买吗？不！中国要自己研发！

一定要研发中国自己的元器件！

"嫦娥"团队自己设计、生产出了各种元器件,要用它们"拼建"出卫星。

喏,这个部件叫敏感器,是卫星的"眼睛",它就是"嫦娥"团队研制的。

9

开始试验吧！可大家期待地等了又等，并没有等来敏感器传输的画面。糟糕，敏感器出了问题。

他们一头钻进办公室,展开激烈讨论,并与工厂开起一场又一场电话会议。

就在你来我往、反复确认商量中,大家终于发现问题,制造出了完全"健康"的敏感器!

"嫦娥"团队面临的挑战还有很多。

从前,中国发出的最远的卫星离地球也只有约四万公里,可嫦娥一号的目的地离地球足足有三十八万公里!

38万公里

"嫦娥"团队的第二项工作,就是要护送卫星准确飞行到三十八万公里以外的太空。嫦娥一号每一公里的行进都必须精准测算。

轨道设计员们计算出了最佳发射时间:2007年10月的一天,且只有三十五分钟适合发射。一旦错过时机,要再等上半年呢。

这可吓不退"嫦娥"团队。这群年轻的航天人开始了夜以继日的复杂运算。

这个一手打着吊针，一手敲着键盘的人，是一位软件专家，他刚生完一场大病，居然又把床搬进了机房，整个人"钉"在了电脑边。像他这样的人，"嫦娥"团队还有很多。

嫦娥一号卫星快造好啦。等等!还有一道重要工序——对它进行各种试验,加电测试就是其中之一。

咦,电压指针为什么突然出现了小小的晃动?赶快断开电源——电压过高很可能瞬间烧毁卫星!可刚才的异常是什么问题呢?

查遍一根根电线，大家终于安心了：只是地面上的插座接触不良。你看，即便是这样的小测试，"嫦娥"团队也将细心和谨慎做到了极致！

可是等卫星上了天，万一又出现了问题，发动机不能按时开机怎么办？推力不够怎么办？每想到一种问题，大家就记录下来并给出相应的解决方案。

这两本厚厚的册子里,就装着整整一百四十八种故障解决方案。

"嫦娥"团队要提前为卫星扫除一切潜伏的障碍!

148种故障方案

终于到了最后一步——卫星发射!

一不小心就会爆炸的火箭燃料,顺着长长的管道运送来了,一次加注需要十二个工作人员操作呢。更重要的是,燃料的管道里不能有任何杂质!

是的,空气、水分、杂质,都万万不可进入火箭燃料,否则后果不堪设想。整个发射工程中,每一个小细节都容不得半点马虎!

一切准备完毕！嫦娥一号探月卫星准备发射！

这是2007年10月24日，在西昌卫星发射中心，工作人员屏住了呼吸。

点火手的拳头攥紧了，多少个日日夜夜，等待的就是今天。

"十、九……三、二、一,点火!"
点火手激动地按下点火按钮!

　　一团巨大的橘红色火焰腾起,火箭升空了!

　　全中国都在为之欢呼,点火手的眼睛却丝毫不敢离开眼前的屏幕。他要密切关注两百多个信号灯里显示的参数,确保一切顺利。

嫦娥一号卫星成功地进入了月球的轨道！它像一只蝴蝶，张开美丽的翅膀。这闪闪发亮的"衣服"可不仅是为了好看，它可以让卫星维持稳定的温度。

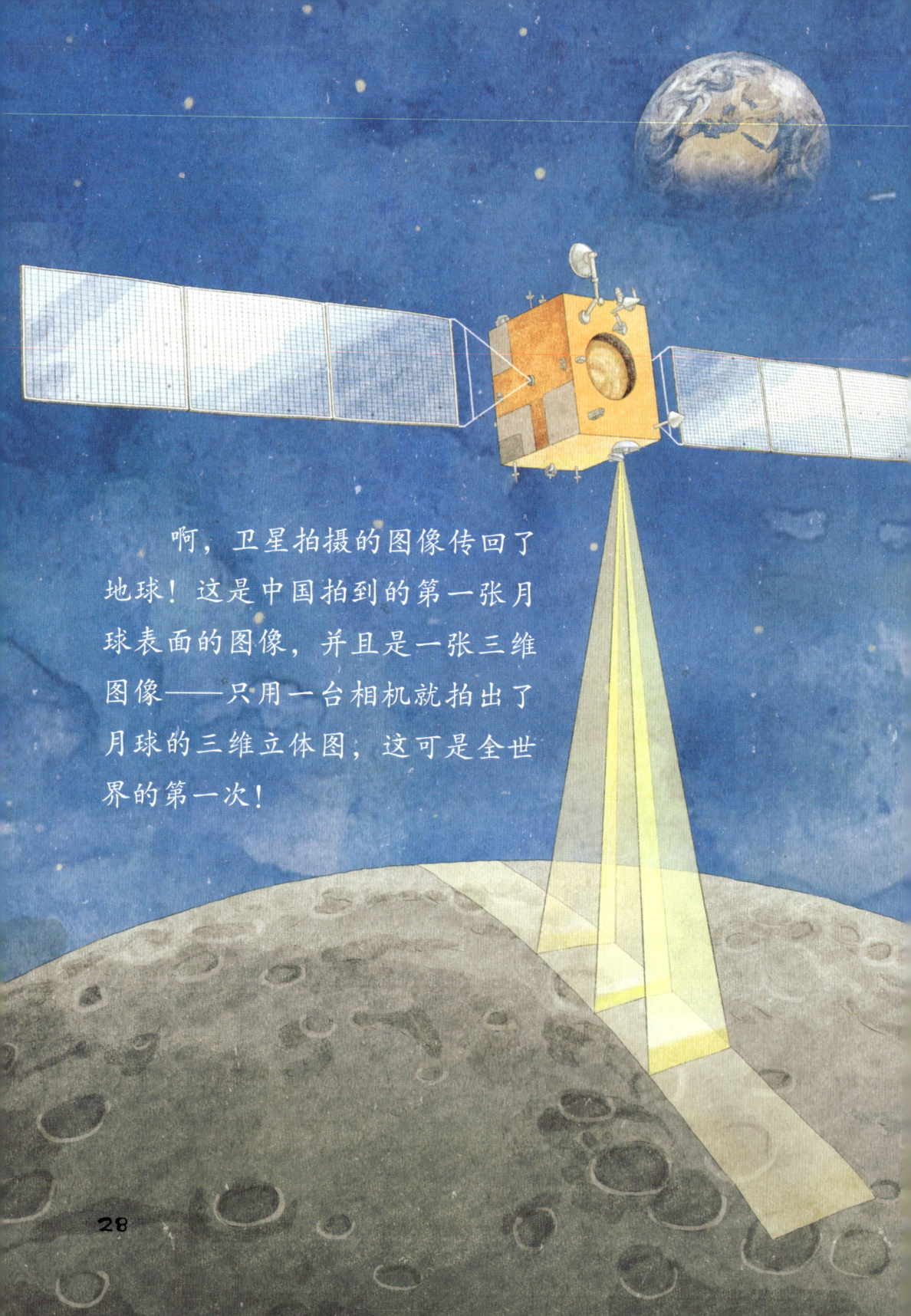

啊，卫星拍摄的图像传回了地球！这是中国拍到的第一张月球表面的图像，并且是一张三维图像——只用一台相机就拍出了月球的三维立体图，这可是全世界的第一次！

嫦娥一号还会动用微波探测仪去探测月球的表面呢,这也是全世界的首次尝试。真是了不起!

嫦娥二号
2010年10月1日发射升空

嫦娥三号
2013年12月2日发射，首次实现了中国地外天体软着陆和巡视探测

嫦娥四号

2018年12月8日发射升空，实现了人类首次月球背面软着陆和巡视勘察。图为中继星，是嫦娥四号探测器组成部分之一

嫦娥五号

2020年11月24日发射升空，实现了中国首次月球无人采样返回

当初的万户怎么也想不到，六百多年后，中国人真的飞上了月亮！那是因为有一双无形的大手托起了亿万中国人几百年的"飞天"梦，这双大手有一个热血、奋进、团结的名字——"嫦娥"团队！